GARIBALDI

HISTOIRE POPULAIRE

ANECDOTIQUE

DU

HÉROS LÉGENDAIRE

DE LA

RÉPUBLIQUE UNIVERSELLE

PAR

un ex-officier garibaldien

(ARMÉE DES VOSGES)

TOURS

Imprimerie E. Arrault et Cie.

1882

CHRONIQUE

« *La démocratie qui vous ou-*
« *blierait s'oublierait elle-*
« *même. Et que serait la*
« *France, si elle devenait*
« *ingrate ? Ce ne serait*
« *plus la France.* »

Edgar QUINET
à GARIBALDI.
(Paris, 7 février 1873).

Par un beau jour de juin, — c'est Henry Fouquier, le chroniqueur du *XIX° Siècle* qui raconte ceci, — en 1866, j'arrivai à Brescia, en compagnie d'un ami qui allait embrasser ses fils, aides de camp du roi Victor-Emmanuel, dont l'armée campait non loin de Peschiera, aux bords de l'Adige. Pour moi, j'allais voir la guerre, muni d'une commission qui resta dans ma poche et d'un grand sabre qui ne sortit pas de ma valise. Débarqué à Brescia, il s'agissait de se loger dans la ville pleine de tumulte guerrier. Mon compagnon, qui la connaissait, me conduisit à l'hôtel. Garibaldi en était parti, il y avait quelques jours à peine, pour son quartier général de Salô, sur le lac de Garde. Nous de mandons une chambre. On nous offre celle du général. Une belle chambre, sa fenêtre ouvrant sur la campagne : mais de lit, point. On avait envoyé à l'ambulance tous les matelas de l'hôtel. « Eh bien ! dis-je à l'hôtesse, faites venir le *padrone*, nous installerons un lit de planches. — Ah ! le *padrone* est parti avec ses fils ! — Bien, appelez un garçon. — Les garçons sont partis avec le *padrone*. — Alors, si nous ne dormons pas, soupons. — Faites-nous à manger. — C'est que le cuisinier est aussi parti avec le général ! » A la suite de ce dialogue mémorable, lestés d'une simple omelette, nous dormîmes sur une malle, après avoir philosophé sur l'action prodigieuse de cet homme qui allait, traînant les cœurs après soi, et faisant des soldats avec des maîtres d'hôtel, des cuisiniers et des marmitons.

Ces soldats, peu après, je les voyais au camp de Salô. Rien ne peut donner, à qui ne l'a pas vu, une idée de ce qu'était cette armée garibaldienne ! Des *facchini* de Bologne, des ouvreurs de portières de Gênes, des matelots de Livourne, des garçons de café de Milan, des collégiens échappés, des déserteurs même de l'armée régulière, des étrangers, un assemblage bizarre d'hommes ; et, se mêlant à cette tourbe, une élite de soldats volontaires, aussi bons combattants que de vieux troupiers, prise dans l'aristocratie italienne. Avec leurs chemises rouges, leurs campements et leurs abris de branches dans les vallées verdoyantes des bords du lac de Garde, ces troupes montraient plus d'entrain que de discipline. Au pittoresque du costume s'ajoutait la fantaisie de l'existence en campagne. On faisait ce qu'on voulait. Le phénomène très italien du volontariat se montrait là en son plein. L'officier, presque toujours commandant des hommes de son pays, mettait dix fois par jour le revolver au poing, puis s'en allait jouer au bouchon avec le soldat à qui il avait failli brûler la cervelle. Un seul sentiment planait au-dessus de ce rassemblement étrange : l'amour du général.

Je me rappellerai toujours, au combat de *Ponte-Caflaro*, au moment où les volontaires hésitaient et semblaient près de lâcher pied, avoir vu arriver Garibaldi en voiture, traîné par deux pauvres haridelles. De mon observatoire, — car, si je raconte ces souvenirs personnels, je supplie qu'on ne me prête pas le ridicule de vouloir passer pour un conquérant du Tyrol ! — je voyais la voiture avancer lentement, le général, enveloppé de son manteau gris, perclus de rhumatismes, le foulard rouge sur les épaules, à la bonne femme, appuyé sur son sabre au fourreau, et enlevant ses hommes par sa seule présence et son mot, dit très bas : *Avanti ! avanti !* C'était un spectacle magnifique, et le courage calme faisait sur les esprits une impression bien autre que la colère du combat.

. . . .

INTRODUCTION

Quatre ou cinq ans plus tard, — c'est l'auteur du présent livre qui parle maintenant, — en janvier 1871, j'arrivai à Dijon avec ma compagnie. Garibaldi venait d'y établir son quartier général, après la défense d'Autun. La ville bourdonnait comme une ruche et rien n'était plus curieux que de voir le va-et-vient des uniformes, d'un bout à l'autre des rues et d'un bout à l'autre de la journée.

Aussitôt après notre installation chez l'habitant, nous songeâmes, mes officiers et moi, à nous présenter à Garibaldi. Introduits par le colonel B*** (que j'ai des raisons pour ne pas nommer...) nous vîmes, dans un grand fauteuil, un grand vieillard enveloppé d'un grand manteau gris, vêtu d'un très large pantalon de drap gris fort épais et dont les yeux gris-bleus nous regardaient avec une douceur infinie. Nous entendîmes une voix douce, mais douce à bercer un enfant. Et quand le général sortit de dessous son manteau l'une de ses mains pour nous la tendre, nous fûmes tout émus de voir et un peu embarrassés de prendre cette main qui nous semblait celle d'un mort plutôt que celle d'un vivant, tant elle était amaigrie, desséchée, décolorée, ankilosée. — Et voilà, me disais-je en quittant cet homme, voilà la main qui, pour deux peuples au moins, a remplacé celle de la Providence ; et c'est la seule qui, de par delà la frontière, à l'heure où tout nous manque, nous soit tendue !...

G. Garibaldi

PRÉAMBULES DIVERS

Je revis le général plusieurs fois depuis, dans des circonstances diverses et toujours telles qu'elles laissèrent en moi une impression ineffaçable.

*
* *

Un matin, entre trois et quatre heures, l'un des plantons de l'état-major général me vient réveiller au meilleur de mon sommeil. J'avais un ordre de marche à recevoir. J'arrive à la préfecture. Il y avait du monde dans le cabinet du chef d'état-major. On me prie d'attendre.

L'une des portes du salon dans lequel je me trouvais était entr'ouverte et il me semblait voir, dans la pénombre de la salle voisine, un je ne sais quoi de confus qui m'intriguait. Je pousse le battant libre, je fais un pas ou deux et je me trouve presque dans les jambes d'un homme dont la tête et le corps étaient roulés dans une couverture et le tout étendu sur le parquet. A côté, dans un fauteuil, un autre homme dormait. Plus loin, sur un canapé, plusieurs étaient demi-couchés, tous dormant. Autour d'un énorme guéridon, une couronne de dormeurs. Sur les tapis, des brochettes de dormeurs. Dans les coins, des entassements de dormeurs. Au-dessus de tous ces corps étendus, accroupis, affaissés, accoudés, groupés et gisant pêle-mêle, un lustre à plusieurs branches dont une seule lampe allumée, très basse, me faisait l'effet de la veilleuse

sé ulaire du palais de la *Belle au bois dormant*.
En face de moi, au bout de la salle, une porte
grand'ouverte donnant sur une chambre aussi
peu éclairée que la première ; puis, tout d'un
coup, une vive lumière et, dans le cadre lumi-
neux de la porte du fond, Garibaldi debout, si-
lencieux, immobile, me regardant fixement.

Très ému, je saluai et, aussitôt, je me retirai ;
mais je vous assure que cette nocturne appari-
tion du chef des *Chemises rouges* au milieu de ses
officiers endormis, m'est restée dans le souvenir
comme une sorte de vision fantastique.

****

Quand je revis le général, quelques jours après,
je vous prie de croire que personne ne dormait.
C'était à Pouilly, dans la soirée du 23 janvier.

Je connaissais ce château de Pouilly pour y
avoir campé quelques jours auparavant. Je
m'étais promené dans les allées de son parc.
Parc désert, allées solitaires, château abandonné. Nous étions alignés devant la grille d'entrée quand, le matin du 21 janvier, défila sous
nos yeux cette étonnante 4ᵉ brigade qui, à la
prise de Châtillon, à la première attaque de
Dijon, à la défense d'Autun, au combat de Che-
vigny, à la journée de Crépant, à la retraite de
Monfort et, dernièrement encore, à Baigneux,
s'était fait une réputation quasi légendaire dans
l'armée des Vosges. Je n'oublierai de ma vie le
spectacle qu'offrait cette petite armée garibaldienne cheminant le long de la belle route de
Langres, par une radieuse matinée d'hiver. Les

Cavaliers-francs de Châtillon que commandait Radowitz éclairaient la marche. En tête et derrière Ricciotti Garibaldi escorté de son état-major, marchaient les *Chasseurs des Alpes* et les *Chasseurs du Mont-Blanc* sous les ordres du commandant Michard. Puis, des francs-tireurs de tous pays et de tous costumes : les *Dauphinois* du commandant Rostaing, les *Toulousains* du capitaine Grzybowski ; ceux des Vosges, commandés par Welker ; ceux de Dôle et de Marseille ; ceux de l'Isère, du Doubs, de l'Aveyron, de l'Allier, du Loir-et-Cher et de la Côte-d'Or ; les *Chasseurs de la Loire* conduits par un journaliste parisien, — de la Berge, du *Siècle*, — et les *Mitrailleuses lyonnaises* dirigées par un peintre florentin, — Pasanisi de Foscarini.

La *Croix de Nice* (lieutenant Nivoni) fraternisait avec le *Croissant du Hâvre* (lieutenant Lebon) et les *Enfants perdus de la Montagne* (commandant Durrieu) emboîtaient le pas derrière les *Éclaireurs de Caprera* (capitaine Rolland). Ma compagnie suivait le bataillon *Nicolaï*, à la tête duquel j'apercevais, en serre file, deux petits hommes dont l'un allait, se dandinant, et l'autre, trottinant. C'étaient M. et Mme Nicolaï ; celle-ci portant gaillardement le costume et les insignes de capitaine-adjudant-major, celui-là n'ayant d'autres marques distinctives qu'une longue capote de soldat, en manière de robe de chambre, un foulard négligemment jeté sur les épaules et une canne, sa seule arme offensive ou plutôt, inoffensive. Tout cela plus ou moins panaché ; les rangs plus ou moins alignés, la manœuvre plus ou moins comprise, la discipline plus ou moins observée ; mais Garibaldi commandant !..

Ce jour-là, en dépit des forces cinq fois supérieures, des positions redoutables et des efforts enragés des prussiens, Messigny fut pris d'assaut, pendant que de la Berge et Grzybowski, avec trois cents et quelques hommes, repoussaient l'ennemi sous Asnières. Le soir, à la nuit, entre Talant et Fontaines, nous nous battions encore. Le lendemain, la déroute des prussiens était complète. Le surlendemain, à deux kilomètres de Dijon, aux abords de ce château de Pouilly que j'avais trouvé si morne quatre jours auparavant, une lutte suprême était engagée entre la petite armée de Garibaldi, forte de vingt mille hommes environ et le corps d'armée de Manteuffel, composé de quatre divisions d'infanterie (quarante-huit mille hommes), deux divisions de cavalerie (cinq mille hommes), et cent cinquante bouches-à-feu. — Trois contre un !

C'est au moment où les fameux poméraniens du régiment *Roi-Guillaume*, entraînant toutes les forces ennemies, tombaient sous le feu désespéré de nos francs-tireurs, que le général en chef arriva sous les obus des batteries prussiennes, établies à quelques cents mètres plus loin sur la route, aussi calme au milieu du feu que je l'avais pu voir dans son cabinet. Quand notre colonel lui eut présenté le fier drapeau du 61°, pris au fort de la mêlée, le vieux guerrier regarda son fils d'une manière que ne pourraient comprendre ceux qui n'ont pas assisté à cette scène. L'âme entière de ce vieillard, fait et refait à toutes les émotions du champ de bataille, nous parut passée dans son regard et, quand *il padre nostro* nous eut montré Pouilly où la lutte se reportait alors avec un redoublement de furie, je crois que nous

y serions allés, quand nous n'aurions eu en main
que la canne du commandant Nicolaï.

*
* *

Enfin, la dernière fois que je [le vis, très peu
de jours avant notre départ de Dijon, ce fut encore à la préfecture où il revenait après une
reconnaissance faite aux environs de la ville.
Je descendais le grand escalier et je me deman-
dais ce que pouvait être cette clameur croissante
que j'entendais et ce tumulte que, par la porte
monumentale de la cour d'entrée, j'apercevais
dans la rue, quand, tout d'un coup, je vois la
foule s'écarter en agitant les chapeaux et pous-
sant des cris. Au même instant, des cavaliers,
sabre au poing, font irruption dans la cour, puis
une calèche découverte, et encore des cavaliers,
ceux-ci se partageant pour former le demi-
cercle des deux côtés de la voiture arrêtée au
bas du perron ; et, pendant que toute cette cavalerie se rangeait avec un bruyant cliquetis
d'armes et piétinement de chevaux sur le pavé
et que la foule, enthousiaste, s'engouffrait dans
la cour et se massait derrière les troupes, celui
que l'on acclamait ainsi, aussi calme au milieu
de l'ovation populaire que sur le champ de bataille, tout doucement, descendait de voiture et,
lentement, péniblement, gravissait les marches
du perron, ne voulant pour lui-même le secours
d'aucun bras.

J'étais seul, je crois, dans le vestibule et je vis
le général s'avancer, à pas très lents, vers moi,
en me fixant de l'air d'un homme qui se dit :

— Où donc ai-je vu cette figure-là ? — Arrivé près de moi, il me reconnut sans doute, car, avec une sollicitude vraiment paternelle, il s'informa de la blessure qui, depuis le commencement de la campagne, m'obligeait à tenir l'une de mes mains en écharpe ; puis il me tendit la sienne que, cette fois, je saisis sans crainte, en mettant dans cette dernière étreinte tout ce que j'avais, moi chétif, tout ce que j'avais, du fin fond aux pleins bords de mon être sensible, tout ce que j'avais de sentiments pour cet homme.

Quant à la nature de ces sentiments, et à leur cause, si quelqu'un avait la naïveté de me le demander, je le renverrais au *padrone* de l'hôtellerie de Brescia, ou à ses marmitons.

Mes amis, tout ceci est affaire de cœur.

C'est aux gens de cœur que ce petit livre est dédié.

Albert DAMBRICOURT.

Giuseppe GARIBALDI

Giuseppe GARIBALDI, né à Nice (*), le 4 juillet 1807, fut d'abord marin, comme son père.

Garibaldi officier de Marine

Dès l'âge de dix-sept ans, il avait acquis, grâce à des excursions multipliées le long des côtes, une foule de connaissances pratiques, plus que suffisantes pour remplacer l'étude de la théorie maritime.

Il obtint un brevet d'officier dans la marine sarde.

(*) NIKAIA (ville de la victoire).

Dès le début, il se signala par une audace de manœuvres et par un mépris du danger qui étonnaient les plus rudes matelots.

— Ce gaillard-là n'a peur de rien, disaient-ils. Si jamais il affronte l'ennemi dans une bataille comme nous le voyons affronter la tempête, il ira loin.

Garibaldi professeur

En 1834, compromis dans une conjuration de la *Jeune Italie* dont Mazzini était l'âme et que le général Ramorino lançait contre le Piémont, il se retire d'abord à Draguignan, puis à Marseille où, pendant deux ans, il donne aux élèves du lycée des répétitions de mathématiques.

Garibaldi, capitaine de Corvette

Vers 1837, il s'engage dans la flotte égyptienne où des officiers supérieurs du Bey de Tunis lui obtiennent le commandement d'une corvette.

L'indolence mahométane, qu'il s'efforce en vain de combattre chez ses subordonnés, se réveille tout à coup, non pour lui obéir, mais pour fomenter une révolte à bord.

Garibaldi ne se déconcerte pas et marche droit aux mutins.

— Rentrez dans vos cabines, leur crie-t-il, et que chacun y attende mes ordres.

Personne ne bouge.

Il les voit tourmenter la poignée de leur dague en le regardant d'un air indécis et furieux.

— Avez-vous, par hasard, un chef qui soit disposé à commander à ma place ?

Les matelots répondent :

— Oui, nous avons nommé Youssouf.

— Que Youssouf approche !

Un tunisien de forte corpulence, haut de six pieds, fait résolument quelques pas hors du front de la troupe rebelle. Garibaldi tire un pistolet de sa ceinture, ajuste le colosse et lui fait sauter le crâne.

On lui voua, dès ce jour, un respect sans bornes.

Garibaldi commandant d'escadre

Bientôt il résolut de passer dans le Nouveau-Monde où la république de l'Uruguay, nouvellement proclamée, faisait appel aux hommes de bonne volonté, pour l'aider à bloquer Buénos-Ayres, son ennemie, et à se défendre contre Rosas, le tyran de la république argentine.

Garibaldi renonce au commandement de sa corvette, double Gibraltar, traverse l'Atlantique, débarque à Rio-de-Janeiro et arrive à Rio-Grande du Sud, puis à Montévidéo.

Il montre aux magistrats républicains ses

deux brevets d'officier de marine. On l'accueille avec un véritable enthousiasme.

La République manque d'un chef pour l'escadre.

Du premier coup Garibaldi passe amiral, ou du moins, s'il n'en a pas le titre, il en a le pouvoir.

Voici une épisode de cette fameuse guerre américaine, qui dura douze années entières.

On comptait sur un engagement prochain des deux escadres, celle de Montévidéo et celle de Buénos-Ayres.

Depuis cinq ou six jours elles se trouvaient en vue l'une de l'autre.

Voulant connaître au juste les forces qu'il peut avoir à combattre, Garibaldi profite d'une brume épaisse dont le vent du sud vient de couvrir la rade, se jette avec plusieurs matelots dans une embarcation légère, et s'aventure au beau milieu de la flotille ennemie.

Cependant, la brume s'élève. On aperçoit de l'escadre l'intrépide italien.

Une goëlette lui donne la chasse. Vingt fois les boulets menacent de la couler et, définitivement, on l'accule à l'entrée de la nuit, au fond d'une anse fort étroite où le commandant de la goëlette, le voyant pris au piège, se décide à attendre le jour, sûr que l'embarcation et son équipage ne peuvent lui échapper.

Il ignore une disposition du littoral que, par bonheur, Garibaldi connaît.

L'anse qui lui sert de refuge n'est sépa-

rée d'une baie voisine que par un promon-
toire en dos d'âne, large tout au plus d'un
kilomètre. En conséquence, il profite des
ténèbres, fait tirer sa barque sur le sable,
la fait porter, à grand renforts de bras, de
l'autre côté de la colline, où les matelots la
remettent à flot.

— Maintenant, dit-il, nous n'avons plus
qu'à tourner le cap, et la goëlette est à
nous.

Effectivement, ils enveloppent leurs ra-
mes de linge, voguent sans bruit dans
l'obscurité, s'approchent du navire ennemi
plein de confiance et dont tout l'équipage
sommeille, se cramponnent à ses flancs,
pénètrent par l'ouverture des sabords, ou
sautent par-dessus le bastingage, et enva-
hissent la goëlette endormie.

Quarante hommes, réveillés en sursaut,
se frottent les yeux, reconnaissent avec
stupeur l'ennemi qu'ils poursuivaient le
soir même et qui, déjà, s'est emparé de
leurs armes.

Ilssont obligés d e se rendre.

Au point du jour, le navire capturé en-
trait dans le port de Montévidéo.

Garibaldi, chef de Guérillas.

Cependant, Garibaldi lève contre Rosas
une petite armée de trois mille hommes et
la dresse lui-même à la guerre de partisans.

« Dans ces rencontres, dit le biographe
Castille, l'audace entreprenante, la vigueur

personnelle de Garibaldi le rendirent légendaire. Plus d'une fois il abattit de sa main quatre ou cinq ennemis, et se procura des chevaux en jetant bas leurs cavaliers. Le redoutable italien s'élançait au milieu de la mêlée, où peu d'hommes étaient capables de lui tenir tête dans une lutte corps à corps. Souvent, entouré d'ennemis, il les tenait en respect et se dégageait seul avant que ses soldats ne l'eussent rejoint. »

Un jour, lors d'une rencontre de cavalerie, un américain du Sud, passé maître dans l'art de jeter le *lasso*, provoque Garibaldi en combat singulier.Les deux combattants, l'italien le sabre nu, l'américain faisant voltiger sa lanière, s'avancent l'un contre l'autre.

Entraînée par ses lourdes boules de plomb, la longue corde du *lasso* s'enroule autour de Garibaldi. Aussitôt l'intrépide duelliste se courbe le long du cou de son cheval et tranche la corde avec son sabre.

Le cavalier ennemi, privé de son arme de prédilection, tourne bride et pique des deux.

Garibaldi s'élance à sa poursuite et le tue.

Dans l'un de ces prodigieux combats dont il était coutumier, l'invulnérable *guérillero* tombe enfin, frappé d'une balle qui lui traverse le cou. Ses officiers l'emportent sur un cheval et le conduisent à *Santa-Fé,* en pays neutre, où, contre tout droit des gens, on le retient quelques mois prisonnier.

Remis en liberté, il court aussitôt à de

nouvelles aventures, brûle son escadre devenue inutile et revient à Montévidéo créer cette fameuse légion italienne qui fut, pendant plus de cinq ans, la terreur des ennemis de la république de l'Uruguay.

Rosas appelait les italiens de Garibaldi, *les démons de la Plata* (*).

« Même dans la proportion d'un contre dix, dit Eugène de Mirecourt, on ne les vit jamais reculer devant une attaque. Ils remportaient constamment la victoire. »

C'est ainsi que le 8 février 1846, envoyé à 300 lieues avec ses volontaires, pour chasser l'ennemi d'une province, Garibaldi lutte, pendant huit heures, contre 1,500 hommes, n'ayant avec lui que 184 légionnaires et quelques cavaliers.

Ceci se passait à *Salta,* dans les Pampas, entre les rivières *Salado* et *Vermejo.*

« Il se couvrit de gloire, dit Ferragus, et sa renommée traversa les mers pour réjouir le cœur de la patrie italienne. »

Abrégeons, — et résumons cette épopée en ces quelques lignes de Garibaldi (*), où le héros n'a oublié qu'une chose, c'est de parler de lui.

« La défense de Montévidéo, contre dix-
« huit mille hommes de troupes aguerries,
« dura 9 ans. Cette ville n'avait alors que
« trente mille habitants, parmi lesquels il

(*) La Plata, pays voisin de l'Uruguay.
(*) *LES GUERILLAS. — Instructions pour les volontaires, Francs-Tireurs et Mobiles de l'Armée des Vosges.* — Par J. Garibaldi. — Châlon, Imprimerie L. Landa. 1870.

« y avait des commerçants anglais, fran-
« çais ou italiens, qui, tous, prirent part à
« la défense et eurent le bonheur de voir
« enfin le triomphe de leur patrie adoptive.
« Mais Montévidéo vendit ses palais, ses
« temples, ses droits de douane présents
« et à venir, déterra les vieux canons qui
« servaient de bornes dans les rues, forgea
« des lances pour suppléer aux fusils ab-
« sents, tandis que les femmes donnaient
« à la patrie leur dernier bijou. »

Garibaldi Agriculteur.

Enfin la guerre d'Amérique eut un terme.
Garibaldi, comme autrefois Cincinnatus,
aux temps glorieux de la république romaine, prit la bêche du soldat laboureur.

On lui avait offert de l'argent d'abord,
et il avait repoussé cette offre comme une
injure.

Des concessions de terrain furent la seule
récompense qu'il accepta pour lui-même et
pour la légion italienne.

La colonie était déjà riche et florissante,
lorsque les évènements de 1848 électrisè-
rent les exilés et donnèrent à leurs patrio
tiques espérances un énergique essor.

— Aux armes ! En Italie ! fut le cri una-
nime du chef et des soldats.

On équipe aussitôt plusieurs navires.
Garibaldi monte une frégate qu'il baptise
du nom de *Speranza*, aux joyeuses acclamations de ses compatriotes, et il arbore

à la pointe du grand mât le drapeau de l'armée républicaine.

Garibaldi Député.

Il débarque en Italie vers le mois de juin, et aussitôt, entre en lutte contre l'Autriche qui asservissait le nord de l'Italie.

Le célèbre Mazzini voulut se déclarer son premier soldat. Puis il appuya la candidature de Garibaldi à la Chambre piémontaise et le fit nommer député de Nice.

Le nouvel élu se distingua par son acharnement à combattre la politique du roi Charles-Albert et de ses ministres, vis-à-vis l'Autriche.

Garibaldi orateur parlementaire

« — Vous nous faites rougir ! ne craignait-il point de leur dire. Pourquoi ne pas rompre un armistice qui vous couvre de honte ? Interrogez l'Italie, si vous voulez apprendre le nom qu'elle donne à vos tergiversations et à vos lenteurs !..... »

Garibaldi orateur militaire

Quelques mois après, le pape, chassé par le peuple, prenait le chemin de Gaëte, et Mazzini écrivait au député de Nice :

« — Accourez avec votre légion ! Rome est à nous ! La République triomphe ! »

En effet, la République victorieuse proclamait la déchéance de Pie IX comme roi de Rome et souverain temporel.

C'est alors (*) que Garibaldi adresse à ses compagnons d'armes cette célèbre proclamation qui caractérise le héros comme celles de Bonaparte à l'armée d'Italie, caractérisaient le bandit : — « Soldats ! Ce que j'offre à tous ceux qui veulent me suivre, le voici : faim, froid, soleil, — ni pain, ni casernes, ni munitions, mais, attaques incessantes, combats, batailles marches forcées et factions à la baïonnette.

« Que ceux qui aiment la patrie me suivent ! »

« G. Garibaldi. »

A ces mâles accents, les patriotes et volontaires italiens accourent de tous côtés.

Garibaldi légionnaire

Garibaldi rassemble ses légionnaires. Il décrète que sa légion ne quittera plus la couleur républicaine.

Partout sur son passage, il exalte les populations, recrute des volontaires et arrive aux portes de Rome au moment où les troupes envoyées par l'ancien *carbonaro* Bonaparte, sous la conduite du général Oudinot, pénétraient déjà dans les faubourgs de la ville.

(*) En 1849.

Garibaldi donne des ordres. La résistance s'organise.

Les troupes françaises sont assaillies par un feu soudain qui éclate le long des rues, aux fenêtres de chaque maison, derrière les terrasses, au sommet des toits.

Tombant sur l'ennemi, en ce moment de trouble, Garibaldi l'oblige à sonner la retraite.

Une suspension d'armes demandée par le gouvernement de Rome, décide le chef légionnaire à courir au-devant de l'armée du roi de Naples, qui marche elle-même sur la ville et dont l'approche menace la République. Il joint les napolitains à *Palestrina* d'abord, puis à *Velletri* où, bien que blessé grièvement, il disperse complètement l'armée de Ferdinand II.

Garibaldi, de retour à Rome, reçoit d'éclatantes ovations populaires.

Garibaldi assiégé

Il soutient avec un courage intrépide le siège que le général Oudinot venait d'établir devant la ville.

Dans cette guerre fratricide de la république française contre la république romaine, Garibaldi déploya plus que de la valeur. Son héroïsme allait jusqu'au paroxisme. Il opérait à chaque instant des sorties nouvelles et s'élançait à l'improviste au milieu des tranchées. Des scènes inouïes de massacre, suite inévitable de sa résistance, eurent lieu à la prise des villas *Pamphili*, *Corsini*, et à celle du bastion n° 8.

Au bout d'une lutte épique qui dura trente jours, Rome tombait au pouvoir des armées de Bonaparte, le même qui, en 1831, mêlé aux insurrections d'Italie, où son frère aîné fut tué, avait essayé de renverser la papauté et qui, alors, parjure à tous ses serments, déshonorait la République qu'il devait bientôt étrangler et salissait le drapeau de la France que plus tard il devait livrer à la Prusse.

Cependant Garibaldi succombait sous le nombre.

Le jour où on déclara qu'il fallait se rendre, il rassembla ses volontaires, força les lignes ennemies et disparut, dans l'espoir de transporter la lutte sur un autre terrain.

Garibaldi ne capitula point !

Garibaldi persécuté.

Il se jette d'abord en Toscane.

Enveloppé bientôt par l'armée autrichienne, il s'échappe à grand'peine.

La petite république de Saint-Marin, où il trouve un asile pour quelques jours, n'est pas de force à le défendre. Bloqué, cerné, sur le point d'être pris, il s'échappe à nouveau.

Venise résistait encore. — Pour entrer dans Venise, il frète une douzaine de barques de pêcheur sur lesquelles il embarque ses dernières troupes, mais un brick autrichien le poursuit et coule bas sa petite flottille.

Jeté à la côte, il parvient à se sauver avec sa femme, ses enfants, et quelques compagnons encore, — les derniers.

Entouré d'ennemis, vaincu enfin et désarmé, traqué comme une bête fauve, proscrit par le Piémont lui-même, que la bataille de Novare vient de replacer sous le joug de l'Autriche, exposé à la trahison quand il ne l'est plus à la faim et à la misère, le héros-martyr de la liberté parcourt la Romagne, les Marches, la Toscane, le nord de la péninsule.

C'est à l'une des stations de ce calvaire qu'il voit succomber à ses pieds, dans ses bras, le plus héroïque de ses compagnons, sa chère femme Anita, l'intrépide brésilienne qui, depuis Rio-Grande et Montévidéo, partout, le suivait dans ses combats, le soutenait dans ses luttes, le couronnait dans ses victoires et le consolait dans ses revers.

Il jure de la venger sur les autrichiens. — L'Histoire est là pour dire s'il a tenu parole.

Cependant, brisé de fatigue et de douleur, il atteint Gênes d'où il s'embarque pour la république des Etats-Unis d'Amérique.

Ses compagnons, pris et mis à mort sans jugement, furent écorchés avant d'être fusillés. — Ceux-là aussi ont été vengés.

Garibaldi négociant

Garibaldi reprend donc le chemin du Nouveau-Monde.

Il fait le négoce pendant dix-huit mois sur les suifs de New-York, amasse une fortune, voyage en Californie et en Chine, revient au Pérou, et laisse définitivement le commerce pour reprendre l'épée.

On lui donne dans l'armée péruvienne un commandement supérieur.

Cinq ans après son départ, il regagne l'Italie.

De riches négociants lui offrent une place très lucrative de capitaine de paquebot dans une compagnie génoise.

Enfin, un décret spécial l'autorise à coloniser la petite île de Caprera, dépendante des Etats Sardes. Il accepte et s'y installe avec ses enfants.

Au mois de mai 1859, un second décret le nomme major-général de l'armée piémontaise.

Garibaldi major-général.

Victor-Emmanuel, moins maladroit ou mieux conseillé que son père, accepte l'épée de Garibaldi et permet au héros de se faire tuer pour la délivrance de l'Italie.

— Allez, lui dit-il, où vous voudrez;

faites ce que vous voudrez. Vous n'êtes
pas un oiseau qu'on puisse mettre en cage.
Je n'ai qu'un regret, c'est de ne pouvoir
aller avec vous.

Et Garibaldi se met en route.

Il s'agit de délivrer le nord de l'Italie
du joug humiliant de l'Autriche.

Le premier soin de Garibaldi est d'or-
ganiser une nouvelle légion nationale.
Cette troupe prend le nom de *Chasseurs
des Alpes.*

Avec elle il marche vers Arona, franchit
le Tessin, envahit le royaume lombard-
vénitien, soulève tout le pays compris
entre le lac Majeur et le lac de Côme,
attaque l'Autriche à l'improviste, s'empare
des villes de *Côme,* de *Varèse,* de *Cre-
mone,* de *Brescia,* force l'ennemi décon-
certé à évacuer le territoire, le repousse
du côté de Milan et voit avec chagrin
la paix de *Villafranca* mettre un terme à
cette série de conquêtes imprévues, dont
il a gratifié le Piémont.

C'est alors que, protestant contre l'annexion de la Savoie à la France, il donne
sa démission de député et que, songeant
plus que jamais à réaliser le grand rêve
patriotique de l'Italie, *Italia una,* et à la
débarrasser de ses princes qui n'étaient
que des feudataires autrichiens, il projette
cette féerique expédition des MILLE, que
Garibaldi a racontée lui-même (*), mais

(*) LES MILLE, par GARIBALDI. Paris, 1875, chez
Charles Silvain, mandataire du général Garibaldi,
2, rue Tronchet.

toujours en s'arrangeant de manière à ne parler de lui que le moins possible.

Garibaldi conquérant.

Le 5 mai 1860, Garibaldi embarque ses volòntaires, au nombre de mille, à bord des steamers *Piemonte* et *Lombardo*, qu'il a fait enlever du port de Gênes, et vogue vers la Sicile qu'opprimait le Bourbon François II.

Les armes, les munitions lui manquent. Il s'en fait donner sur sa route par les garnisons de *Talamone* et *San Stephano*.

Le 11, il débarque à *Marsala*, marche sur la ville qui ne fait aucune résistance, reçoit les siciliens dont les bandes accourent se joindre à lui et arrive le 15 au matin à *Calatafimi* où campaient les troupes du roi de Naples.

Les garibaldiens, carabiniers gênois en tête, escaladent les rochers du *Monte Romano* sous la mitraille et les feux de mousqueterie de l'armée bourbonnienne, prennent d'assaut toutes les positions et culbutent l'ennemi qui, dans la nuit, évacue la ville.

Garibaldi est acclamé comme un sauveur.

Bientôt il atteint les hauteurs de Rennes d'où l'on aperçoit au loin Palerme.

L'ennemi s'avance avec des forces supérieures, de deux côtés opposés. Garibaldi le voit, évite l'une des deux colonnes, arrête l'autre, fait livrer bataille par son artillerie sous le commandement du général Orsini, exécute un mouvement tournant et, par des sentiers presque impraticables, arrive. le 27 mai, avant le jour, aux portes de Palerme.

Aussitôt, il déloge les avant-postes ennemis du pont de l'Amiral et se lance à leur poursuite. Les barricades du pont de Germini sont enlevées au pas de course. En vain l'ennemi oppose partout une vigoureuse résistance; en vain tonne l'artillerie de terre et de mer, et surtout celle d'un bataillon de chasseurs indigènes postés sur les hauteurs du couvent de Saint-Antonin. Rien n'y fait. La victoire accompagne le libérateur de l'Italie et, en un instant, les soldats de la liberté pénètrent jusqu'au centre de Palerme.

Garibaldi dictateur

Le lendemain, la ville entière est debout, — Garibaldi proclamé dictateur ; — et les généraux de François II qui, d'abord, avaient sollicité une armistice, bientôt capitulent, laissant le héros-titan maître de l'île entière.

Avec une poignée d'hommes, Garibaldi venait de chasser une armée de vingt mille hommes des meilleures troupes bourbonniennes. En vingt jours, en sept combats, il venait de délivrer la Sicile.

Aussitôt il organise le gouvernement dictatorial dont il est chef, partage son armée en trois divisions sous les ordres des généraux Bixio, Türr et Médici, qu'il lance au travers la Sicile, avec ordre de rendez-vous général au détroit de Messine.

A *Melazzo*, la division Medici trouve sa route barrée par l'ennemi. Celui-ci a l'avantage du nombre et de la position.

N'importe, il faut passer !

Une lutte acharnée s'engage. Garibaldi accourt avec de nouvelles recrues. Déjà la gauche de la colonne garibaldienne a dû reculer. La droite et le centre tiennent bon, mais avec beaucoup de difficultés et des pertes considérables.

« Tiens bon tant que tu pourras, dit Garibaldi au général Médici, je vais réunir quelques troupes et les porter sur le flanc de l'ennemi pour chercher à le tourner. » Cette manœuvre décide la journée. L'ennemi commence à plier. Les garibaldiens s'emparent des retranchements. La victoire est complète.

A la tombée de la nuit, Garibaldi était maître de la ville.

Garibaldi triomphateur

Vers la fin d'août, l'armée garibaldienne renforcée d'une 4ᵉ division commandée par le général Cosenz était réunie sur le rivage sicilien du détroit de Messine.

Garibaldi s'embarque avec la division Bixio à bord des steamers le *Torino* et *Franklin,* arrive sans coup férir à Melito sur la côte méridionale de la Calabre, marche sur Reggio, la surprend, s'en empare, fait capituler un corps considérable de bourbonnïens à *Villa San-Giovanni*, se rend maître du littoral de la Calabre, fait passer le détroit à ses troupes et marche victorieusement sur Naples, où, le 7 septembre 1860, il fait son entrée triomphale aux acclamations enthousiastes d'un peuple de cinq cent mille habitants.

Garibaldi séducteur

Garibaldi, souriant à la multitude qui se presse autour de sa voiture, se dirige vers le palais, au petit pas de ses chevaux, suivi de loin par son escorte que le peuple empêche d'arriver jusqu'à lui.

Qu'a-t-il à craindre ?

Lui a-t-on dit... sait-on que, sous les arcades du *Largo di Palazzo*, deux bataillons de soldats royaux l'attendent, l'arme au bras ?

Cette immense place, qu'il lui faut traverser, n'est praticable aux voitures que, juste, tout le long de ces arcades, d'un bout à l'autre fermées par des grilles.

Derrière ces grilles, les troupes sont massées, prêtes à faire feu. Les officiers ont l'épée nue. Entre les barreaux des grilles passent les gueules de quatre canons. A côté de chaque canon, les artilleurs, mèche allumée.

Garibaldi arrive.

Il va passer à bout portant des canons et des fusils.

Le silence, le vide, en un instant, s'est fait autour de lui.

Il voit l'immense ondée de la foule s'écarter jusqu'à l'autre bout de la place, s'engouffrer dans les rues, se ruer, épouvantée, vers l'abri des maisons.

Que va-t-on faire?

Le cocher veut arrêter ses chevaux.

Avanti! crie Garibaldi de sa belle voix sonore et douce. — Le cocher continue.

Au tournant des grilles, tout d'un coup, la voiture se trouve vis-à-vis la gueule du premier canon.

Garibaldi se lève et, debout, faisant face aux troupes, se découvre et sourit.

Une! deux!

Aucun cri de commandement n'a été entendu... mais, sur toute la ligne, le front de bataille présente les armes.

Le peuple comprend que les soldats ne feront pas feu sur le général qu'ils viennent de saluer.

Un cri alors, mais un cri furieux, délirant, prodigieux, comme un tonnerre d'enthousiasme, de tous les côtés à la fois, éclate et retentit. Le peuple napolitain, ivre de toutes les exaltations que provoque un tel acte et qu'inspire un tel homme, déborde et remplit la ville.

C'est fait. Naples est prise.

Pour la conquérir, un coup de chapeau a suffi à Garibaldi.

Garibaldi foudre de guerre

Le roi François II avait abandonné sa capitale pendant la nuit du 5 au 6 pour se réfugier à Capoue, sur les rives du Volturne.

C'est là que, réunissant toutes ses forces, le Bourbon allait livrer sa dernière bataille.

Garibaldi, qui s'était logé à *Caserta*, résidence royale, visitait tous les jours le mont *Sant' Angelo*, où l'on découvrait le camp ennemi. Aucun mouvement de celui-ci ne lui échappait.

Le 1er octobre, vers 3 heures du matin, il monte en wagon à Caserte, suivi de son état-major général, et arrive à *Santa-Maria* avant le jour. Une voiture l'attendait pour le conduire à *Sant' Angelo*.

En ce moment, la fusillade se fait entendre.

Le général Mielbitz accourt : — « Nous sommes attaqués vers *San Tammaro* » dit-il.

« *Avanti !* » répond Garibaldi.

Le bruit de la fusillade allait croissant et s'étendait peu à peu sur tout le front de bataille.

Au lever de l'aurore, Garibaldi arrive au fort de la mêlée, salué par une grêle de balles bourbonniennes. Son cocher est tué; sa voiture est criblée. Il s'élance, sabre au poing, suivi de ses aides de camp; mais ses braves soldats le voyant en péril chargent l'ennemi avec une telle impétuosité qu'ils le refoulent en arrière et ouvrent le chemin de *Sant'Angelo*.

Du haut de cette position centrale, Garibaldi voit la bataille engagée avec un acharnement désespéré. C'est un flux et un reflux d'attaques et de ripostes, une mêlée genérale sur toute la ligne, depuis *Maddaloni* et *Castel-Morrone* à droite, jusqu'à *Santa Maria* et *San Tammaro* à gauche.

A *Castel-Morrone*, trois cents garibaldiens commandés par le major Bronzetti soutiennent le choc de quatre mille bourbonniens. Ils ont juré de mourir plutôt que de se rendre. Ils brûlent jusqu'à leur dernière cartouche. Ils soutiennent la dernière attaque à la baïonnette et, jusqu'au dernier, tous tombent...

Cependant le centre et la gauche sont séparés par l'ennemi, qui s'avance en masse entre *Santa Maria* et *Sant'Angelo*.

Le fort de la bataille se livre au pied du mont *Sant'Angelo* dont la possession est d'une importance capitale et dure depuis 3 heures du matin.

A 1 heure après midi, les munitions manquent. L'ennemi grossit toujours.

La situation devient critique.

Les bourbonniens, repoussés depuis le matin, reprennent l'offensive. — Déjà, ils ont réussi à s'emparer de deux canons, quand une charge générale à la baïonnette, commandée par Garibaldi en personne, et l'arrivée des réserves de Caserte décident, enfin, du sort de la journée.

Chargé en même temps, au centre, par les généraux Médici et Avezzana, commandant toutes les forces du mont *Sant'Angelo* et, sur la gauche, par les généraux Türr et Mielbiltz, commandant l'aile gauche, l'ennemi est mis en déroute et poursuivi jusque sous les murs de Capoue.

En même temps, un courrier du général Bixio annonce la victoire de l'aile droite.

« *Victoire sur toute la ligne !* » s'écrie Garibaldi.

Et cette grande nouvelle est aussitôt télégraphiée à Naples.

Il était alors cinq heures du soir.

Pendant la nuit, l'ennemi revient en forces.

Garibaldi, averti au moment où il allait prendre enfin quelque repos, donne ses ordres et fait manœuvrer de telle sorte qu'au point du jour la dernière armée de François II, enfermée dans un cercle de fer, est tout entière obligée de se rendre.

Garibaldi citoyen

Ferragus raconte que, quand le roi Victor-Emmanuel rencontra Garibaldi à *Monte-Croce* (*), après cette fabuleuse expédition des Deux-Siciles, il lui tendit la main et lui dit :

— Garibaldi ! je te dois mon royaume, fais-toi ta part !

(*) Le 26 octobre 1860.

Le soldat serra la main royale et répondit :

— Sire, j'ai fait mon devoir.

Et voilà pourquoi, ajoute l'historien, l'homme qui pouvait se tailler une principauté dans la nouvelle Italie, se suspendre au cou le collier de l'Annonciade, se faire délivrer un brevet de duc, de maréchal, avec des millions pour payer le foin de ses bottes, emprunta quelques écus pour retourner à Caprera...

Garibaldi à Caprera

Un soir de l'année 1861, pendant que, avec quelques amis qui se reposaient auprès de lui des fatigues de la dernière campagne, il achevait une partie de boules sur la petite esplanade qui est devant la façade de sa maison, son berger sarde vient à rentrer avec ses brebis.

Garibaldi connaissait toutes les bêtes de son troupeau et leur avait donné des noms.

Il les regardait passer lorsqu'il s'aperçoit qu'une d'elles avait mis bas sans que son agneau fût auprès de la mère, ni sur les bras du berger.

— Qu'est devenu le *picciolo ?*

Le berger répond qu'il s'est égaré et qu'il l'a vainement cherché pendant longtemps.

— Oh ! la pauvre petite bête, dit le général. Elle va devenir la proie des fauves. Messieurs, allons à sa recherche ; à nous tous, nous la retrouverons certainement.

La nuit tombait. Les chemins étaient mauvais.On se munit de lanternes; et voilà les anciens officiers de Rio-Grande, de Montevideo, de Rome, de Varèse, de Calatafimi et du Volturne allant, à la suite de leur général, à la recherche de l'agneau.

On ne trouvait rien. Garibaldi avait beau imiter le bêlement de la mère, pas de réponse.

Il y avait plus d'une heure que cela durait. La nuit était affreusement noire et plus d'un éclaireur était resté en route ou avait regagné l'habitation.

— Allons, il faut y renoncer, dit Garibaldi, qui regrettait peut-être d'avoir causé à ses amis une fatigue inutile. Rentrons ; le *povero* est déjà dévoré, sans doute.

Le lendemain matin, l'ami qui, dès quatre heures, avant le jour, avait l'habitude d'entrer dans la chambre du général, est tout étonné de le trouver endormi. Il se retire sans bruit.

Au bout d'une demi-heure, il revient. Le général dormait encore. — *Diavolo!* lui qui, à Caprera comme au camp, est toujours le premier éveillé...

Une demi-heure après, l'ami revient à nouveau. Garibaldi dormait toujours.

— Oh ! pour le coup, il faut qu'il y ait quelque chose d'extraordinaire. Mon général..?

Le dormeur s'éveille en sursaut.

— Est-ce qu'on est déjà levé dans la maison ?

— Non, général, moi seul...

— Eh bien ! reprend Garibaldi, un peu confus, en allongeant le bras sous son édredon et en ramenant un petit agnelet, allez bien vite le rapporter à sa mère ; elle doit être inquiète.

Sur la table de nuit il y avait une soucoupe au fond de laquelle était encore un peu de lait.

Le chef des *Chemises Rouges* avait passé une partie de sa nuit à chercher, seul, à travers les rochers, les ravins et les broussailles de son île de Caprera, le petit agneau égaré, l'avait enfin retrouvé, transi de froid, mourant de faim, l'avait rapporté en hâte, et ne s'était endormi lui-même qu'après l avoir gorgé de lait et réchauffé sous son édredon.

Garibaldi patriote

Cependant l'*Italia una* n'était pas faite encore. Rome et Venise manquaient à l'Italie.

Des comités se forment pour délivrer ces deux grands tronçons de la grande patrie. Garibaldi en accepte la présidence et se met à la tête du mouvement.

Rome ou la mort ! s'écrie l'infatigable patriote et ce cri, trouvant un écho dans tous les cœurs italiens, va, se répercutant de Naples à Milan, de la Sicile au Tyrol, réveiller partout de patriotiques espérances.

A Corleone, près de Palerme, Garibaldi organise sa petite armée composée d'environ quatre mille volontaires. Voulant, à tout prix, éviter une collision avec les troupes de Victor-Emmanuel, il se propose, une fois arrivé sur la terre ferme, de suivre avec ses volontaires la crête des montagnes. Passant par Rocca-Palumba et Caltanisetta, il se dirige vers la côte orientale de la Sicile.

Le 18 août 1862, il entre à Catane, salué par les acclamations populaires. De là, il aborde Melito, fait une descente dans la Calabre et se porte sur Reggio. Repoussé par Cialdini, il se retire à *Aspromonte* où, le 29 août, il est attaqué par le colonel Pallavicini, commandant un corps de 1,800 *bersaglieri*. Fidèle à sa résolution de ne pas faire couler le sang italien, Garibaldi ordonne à ses volontaires de ne pas tirer, mais sa voix n'est pas partout entendue. Une lutte très vive s'engage sur quelques points ; les *bersaglieri* font feu sur toute la ligne et le héros, blessé deux fois, est obligé de se rendre. Les docteurs Nélaton et Patridge accourent de Paris et de Londres (*) pour le soigner.

Le roi l'amnistie. Pouvait-il faire autrement ? Mais, Garibaldi n'accepte pas cette amnistie. Il n'est pas coupable. Il a fait son devoir de patriote et l'Italie tout entière n'a qu'une voix pour le proclamer.

(*) Une souscription publique, en Angleterre, couvrit les frais du voyage du docteur Patridge à la Spezzia où, depuis le 1er septembre, le vaincu d'Aspromonte était gardé avec son fils Menotti.

Garibaldi, champion de la République universelle.

Entre temps, Garibaldi soutient de sa plume et de son haut appui moral les courageux efforts de la Hongrie et de la Pologne, l'une et l'autre luttant pour leur indépendance. Aux puissances impériales qui pèsent sur l'Italie et soutiennent le pape-roi de Rome, Garibaldi veut opposer la puissance de l'opinion publique, l'amour de la liberté, l'élan des peuples soulevés contre les gouvernements oppresseurs. C'est un duel à mort qu'il veut engager entre la liberté et la tyrannie.

Déjà le Monténégro est en armes ; la Serbie n'attend qu'une occasion favorable pour faire la guerre au sultan ; la Grèce est profondément agitée ; il ne faut qu'une étincelle pour allumer l'incendie depuis le Danube jusqu'à la Baltique.

Garibaldi, dont l'âme·brûle du feu sacré que ravive encore le souffle de la Révolution qui s'approche, Garibaldi appelle aux armes les Magyars (26 juillet 1862) et lui--même se met, comme nous venons de le voir, à la tête de ses volontaires, pour réaliser l'unification de la patrie ; mais Victor-Emmanuel intervient, dirigé, poussé par l'homme des Tuileries... Garibaldi, blessé au talon, comme Achille, est arrêté dans sa marche ; et la révolution avorte.

En avril 1864, Garibaldi part pour Londres où il encourage les tentatives que fait l'Angleterre pour s'affranchir entièrement du joug séculaire des pontifes romains.

Dans cette même année, réélu comme député de Naples au parlement italien, il proteste contre l'annexion de Nice.

En 1865, il est nommé grand-maître de la franc-maçonnerie italienne.

En 1866, l'Autriche devenant plus menaçante que jamais, Garibaldi reprend les armes.

Garibaldi dans les montagnes du Tyrol

Vingt mille volontaires aussitôt sont debout, sous les ordres du plus grand des patriotes et leur nombre, bientôt, s'élève à un chiffre tel qu'il faut, par un décret du 29 mai 1866, doubler le nombre des bataillons garibaldiens. Brescia, elle seule, fournit mille volontaires.

Avec ces troupes, Garibaldi occupe une partie du Tyrol méridional, maintient, malgré les efforts désespérés de l'Autriche, toutes ses positions, notamment sur le Caffaro, est blessé à *Monte-Suello* et, de toutes les forces qui lui restent, aide à la délivrance de la Vénétie.

Il ne manque plus à l'Italie que Rome, — la capitale !

Garibaldi dans la campagne romaine

Il n'est que trop vrai que des soldats de Napoléon III montent la garde aux portes des palais de Pie IX. — Ce pape et cet empereur sont faits l'un pour l'autre ; mais, ni l'un ni l'autre ne sont faits pour arrêter Garibaldi. Celui-ci ne recule devant aucun obstacle. Encore moins, devant les Robert-Macaire et Bertrand des Tuileries et du Vatican.

— C'en est assez ! Il veut Rome pour l'Italie et non pour le pape. S'il va contre le gouvernement, c'est parce que celui-ci ne veut pas le laisser aller à Rome ; s'il va contre la France, c'est parce que celle-ci défend le pape. Encore une fois, il veut Rome.

A Rome donc !

Garibaldi accourt de Genève ; mais, le 22 septembre 1867, il est arrêté à Asinalunga, reconduit à Caprera et gardé par un navire de guerre. Les garibaldiens n'en continuent pas moins leurs tentatives d'annexion. Menotti Garibaldi poursuit la campagne. Le drapeau garibaldien est arboré sur *Bagnorea*. Les volontaires italiens, de plus en plus nombreux, chaque jour, franchissent les frontières des Etats-Pontificaux. *Viterbe*, *Frosinome* sont en leur pouvoir. Garibaldi s'échappe de Caprera et vient les rejoindre du côté de Tivoli. Vainqueur à *Monte-Rotundo*, il marche sur Rome, à la tête de 8 à 10,000 hommes.

Mais, le 3 novembre, à *Mentana*, un général tristement célèbre depuis, M. de Failly, livre bataille au vieux républicain. Des chassepots français « font merveille » dans les rangs des patriotes italiens !... Garibaldi est fait prisonnier avec ses deux fils ; et Mastaï-Bertrand chante un *Te Deum* en l'honneur de Napoléon-Macaire.

Remis en liberté après Mentana comme après Aspromonte, celui qui jadis, à Rio-Grande, à Montevideo, dans l'Uruguay, a combattu pour la république américaine, oubliant, après le 4 septembre 1870, oubliant le mal que la France lui a fait, vient, seul, avec ses fils et une poignée de fidèles compagnons de ses luttes héroïques, au secours de cette France qu'un Napoléon venait de livrer à la Prusse, et de cette république française que la plus criminelle de toutes les réactions allait bientôt essayer d'étouffer au berceau.

Garibaldi, général en chef de l'armée des Vosges.

« Ce pauvre vieux ! » — disait une brave femme à Autun, en voyant le général descendre de voiture après avoir étudié le terrain aux environs de la ville, — « ce pauvre vieux, il ne peut plus marcher. Mon Dieu ! faut-il qu'il ait du courage pour venir se battre pour nous, étant comme ça ! » — Et une larme roulait dans les yeux de cette femme de cœur.

Oui, vieux et infirme, oubliant le siège de Rome, la balle d'Aspromonte, les « merveilles » de Mentana et toutes les blessures encore saignantes du passé, Garibaldi vient au secours de la France envahie. Il a entendu le cri de la République et le voici, qui amène avec lui ses fils Menotti, Ricciotti, Canzio, et tous les patriotes qui ont pu le suivre.

On le reçoit à bras ouverts ; mais on lui donne des soldats dont « les trois quarts n'ont jamais tiré un coup de fusil », quelques troupes insuffisantes, aussi peu solides qu'inexpérimentées, une cavalerie désiroire, (environ 100 hommes), une artillerie composée de 2 batteries que l'on renforça de 3 autres à la fin de la campagne, et une intendance absolument désorganisée. Avec cela, tout le mauvais vouloir possible d'une administration presqu'entièrement bonapartiste.........

Garibaldi établit son quartier général à Dôle, réorganise l'armée des Vosges avec les débris des corps francs rejetés de l'Est et tous les volontaires que l'amour sacré de la Patrie pousse à la défense du pays, et commence par battre les prussiens à Brazey, près St-Jean-de-Losne.

Garibaldi dans la Côte-d'Or (*) et le Morvan

De Dôle il va à Autun défendre les défilés du Morvan et lance en avant, jusqu'à

(*) Les Prussiens disaient : COTE DE FER.

110 kilomètres de son quartier général, la fameuse 4° brigade que commande le colonel Ricciotti.

Celle-ci, avec 400 hommes environ, met en pleine déroute près de mille prussiens, à *Châtillon-sur-Seine*, et ramène avec elle 167 prisonniers et un grand nombre de chevaux, bagages, armes et munitions.

Cependant Garibaldi marche sur Dijon.

Le 26 novembre, l'armée garibaldienne jette l'épouvante parmi les troupes allemandes. Attaqués aux petits villages de Pâques et de Prénois, à quelques kilomètres de Dijon, les prussiens sont battus toute la journée et refoulés jusque sous les murs de la ville. Nos soldats sont électrisés par la présence de Garibaldi dont les deux chevaux sont tués d'un obus, et l'audace de son gendre Canzio chargeant à la tête des 35 chasseurs d'Afrique de la brigade Menotti... La nuit noire est venue, enveloppant les combattants. Cependant nos troupes aperçoivent les becs de gaz de la ville ; elles espèrent y passer la nuit. Encore quelques efforts et elles vont souper à Dijon. Défense est faite de tirer un seul coup de fusil.

On arrive aux avant-postes. — *Werda ?* crie la première sentinelle prussienne. — France ! a répondu le commandant Michard des *Chasseurs des Alpes*, à moi la Savoie ! et la tête de la colonne s'ébranle sous une grêle de balles.

Le premier poste est enlevé. Les décharges se succèdent. Garibaldi dont les italiens trainent la voiture est en avant, avec ses fils. Il applaudit à l'élan de ses volontaires et soutient leur ardeur. Les prussiens découragés fuient dans toutes les directions. Déjà Ricciotti et ses francs-tireurs ont pénétré dans la ville et atteint la place d'Arcy. La victoire est à nous !

Soudain, une ligne de feu a déchiré la nuit avec un horrible crépitement ; un ouragan de fer a passé sur l'armée. Les garibaldiens sont en présence d'une batterie formidable de mitrailleuses. Les mobiles épouvantés se jettent à travers champs. La compagnie génoise a déjà perdu près de la moitié de son effectif. La colonne d'attaque est bientôt réduite à quelques milliers de combattants. Ricciotti revient sur ses pas. — 23,000 prussiens sont sur pied et leurs mitrailleuses crachent la mort à pleine bouche. Les officiers du quartier général entrainent la voiture de leur chef, — *il padre*, comme l'appellent les italiens — et donnent le signal de la retraite pour ne pas compromettre le salut de l'armée. Le vieux Garibaldi, assure-t-on, les frappait de sa canne en criant : « Vous voulez donc que je reçoive une balle dans le dos ! » —

On pleurait à côté de lui.

Les dijonnais racontent que la panique des prussiens fut telle, cette nuit-là, que le poste du quartier général de Werder fut levé et la ville presque complétement évacuée.

Garibaldi à Autun

Quelques jours après, le 1ᵉʳ décembre, Autun sérieusement menacé par Werder est admirablement défendu par Garibaldi.

Sous l'œil du général en chef, la batterie de campagne servie par les artilleurs mobiles de la Charente répond coup pour coup à l'artillerie prussienne. Mobiles et mobilisés se réhabilitent. Ricciotti chargeant à la tête de ses francs-tireurs arrive jusque sur les batteries ennemies et les prussiens qui, le matin, chantaient : « Nous allons le prendre dans son nid, le vieil oiseau rouge ! » le soir, se sauvaient à toutes jambes, en criant : — « Autun, trahis ! Autun, trahis ! »

Ces braves étaient si peu faits à une telle résistance que, pour eux, celle-ci équivalait à une trahison.

Garibaldi à Dijon.

Le 27 décembre, huit jours après la sanglante bataille de Nuits, les prussiens, qui depuis le 21 ne dormaient plus, évacuent Dijon.

Le 7 janvier, Garibaldi prend leur place ; mais celle-ci va lui être terriblement disputée.

Du 8 au 16 janvier, Garibaldi tient tête à l'ennemi sur la ligne de Château-Chinon, Semur, Montbard, Recey et Langres.

Du 16 au 18, ses postes avancés se

maintiennent de Lucenay à Pouilly, Flavigny, Chanceaux, Selongey et Prauthoy.

Du 18 au 21, ils disputent pied à pied le terrain, en avant de Dijon.

Le 21, les allemands s'avancent sur trois colonnes : la première, par Pasques et Neuvon sur Plombières ; la deuxième, par la route de Paris sur Dijon ; la troisième, par le Val de Suzon sur Messigny.

A Val-Suzon, le général Bossak-Hauké, commandant la 1re brigade, voit les soldats plier, veut les ramener au feu, se précipite en avant avec une poignée d'hommes et tombe mortellement frappé.

A Messigny, Ricciotti lutte victorieusement contre des forces cinq fois supérieures.

L'ennemi déborde dans la plaine, occupe les plateaux de Chaumont et de St-Laurent, envahit Daix dont il massacre les habitants, femmes, vieillards... mais il est arrêté entre les hauteurs fortifiées de Talant et Fontaine d'où l'artillerie garibaldienne ne cesse de tonner.

Garibaldi, à cheval, sur la place de l'église, à Talant, observe le champ de bataille. Sur un signe de lui, Canzio s'élance à la tête de sa 5ᵉ brigade. Une lutte acharnée s'engage. On s'aborde à la baïonnette. Les légions italiennes, décimées, mais intrépides, culbutent l'ennemi sur Chaumont et le forcent à battre en retraite.

Tout l'effort des prussiens se porte en

ce moment sur Fontaine. La résistance, sur ce point, est héroïque.

L'élan est donné. La fusillade devient furieuse. Les batteries de Talant et Fontaine, dont le feu a cessé un instant pour ne pas atteindre amis et ennemis confondus, reprend avec une nouvelle énergie.

Enfin, l'ennemi est repoussé avec pertes énormes. La nuit est venue ; et les Garibaldiens rentrent dans Dijon, prêts à tout évènement.

A onze heures, un magistrat de Dijon que les prussiens ont fait prisonnier sur parole, vient dire à Garibaldi, de la part du général Kettler, que ce dernier, ayant reçu des renforts considérables, bombardera la ville, le lendemain, si Garibaldi ne l'évacue pour éviter une inutile effusion de sang.

— *Est-ce là tout ce que vous avez à me dire?*

— *Oui, général.*

— *Eh bien? dites à celui qui vous a chargé de cette commission que je l'attends, et que, s'il ne vient pas, j'irai le chercher.*

Cependant les prussiens, dont la retraite sous Talant n'a été que simulée, font leur travail de nuit.

Les maisons du Bas-Talant sont pillées; un franc-tireur, égorgé ; des habitants, parmi lesquels un enfant, saisis et envoyés en Allemagne. Près de Darois, une douzaine de mobiles prisonniers sont fusillés. A Is-sur-Tille, le pillage est dirigé par la femme du brosseur d'un officier prussien.

Vers minuit, Hauteville, attaqué sur trois points, est pris malgré les efforts du commandant Braconnier. Celui-ci, blessé mortellement, est détroussé, injurié, maltraité. Une jeune fille, refugiée dans une ambulance, est tuée à bout portant. L'ambulance est envahie aux cris de « Ambulance! francs-tireurs! charognes! *capout!* » Et le massacre commence, sous la surveillance d'un officier prussien... Après la boucherie, le pillage. Après le pillage, l'orgie. Au milieu du sang qu'ils viennent de verser dans cette maison que protégeait le drapeau de la Convention de Genève, dans cette chambre encombrée de morts et de blessés qu'ils n'ont pas entièrement achevés, les soldats de Guillaume mangent, boivent et insultent à leurs victimes.

Le jour arrive enfin.

Dès 7 heures, la fusillade recommence et une affaire générale s'engage à Fontaine, Daix, Plombières, Hauteville, Talant, Carrières-Chaumont, sur une ligne de plus de 25 kilomètres d'étendue.

A midi, l'action est des plus chaudes entre Talant et Fontaine. Garibaldi, revenu comme hier à son poste d'observation, ordonne un mouvement en avant. Le plateau St-Laurent est pris d'assaut ; l'ennemi, délogé de ses positions de Chaumont et St-Laurent. Attirés jusque sous le feu des canons français par une habile manœuvre de Ménotti et décimés par la mitraille des batteries de Talant et de Fontaine, les prussiens ont une partie de leurs pièces démontées. Enfin, abordés à la baïonnette par les volontaires italiens, la compagnie génoise en tête, ils n'ont que le temps d'abandonner Plombières, Hauteville, Daix, toutes leurs positions, laissant morts et blessés, en quantité, sur le terrain. — Sur tous les points, l'ennemi était battu.

Ce jour-là, 22 janvier, Garibaldi rentrait dans Dijon aux acclamations d'une foule énorme et enthousiaste.

Enfin, le 23, troisième et dernier acte. Suprême tentative des prussiens cherchant toujours, et avant tout, à faire taire ces batteries de Talant et Fontaine, dont le feu les *trahit,* sans discontinuer, depuis deux jours. Mais, Garibaldi veille !

A 2 heures, les allemands s'avancent d'Ahuy, à travers champs, sur les routes d'Is sur-Tille et de Thil-Châtel. On en voit sortir aussi de Bellefond et d'Asnières. Ils établissent leurs batteries à la ferme de Valmy, puis à l'auberge du *Rendez-vous des chasseurs,* d'où ils viennent de déloger les mobilisés de Saône-et-Loire et parviennent à se masser enfin vers la bifurcation des routes de Langres et d'Is-sur-Tille. Les grenadiers poméraniens de M. de Moltke, assurément les meilleurs soldats de la Prusse et, parmi eux, le célèbre régiment *Roi-Guillaume,* réussissent à forcer les lignes de l'armée des Vosges et à se rendre maître du château et du parc de *Pouilly.*

La lutte devient formidable.

La brigade Ricciotti, un instant cernée dans l'usine qui borde la route, fait feu avec rage. Balles et mitraille sifflent de tous côtés. Le moment est suprême...

Garibaldi arrive.

Ricciotti vient d'enlever le drapeau du 61e, affreusement mutilé, et le dépose aux pieds du général. Son père le remercie, lui montre Pouilly et lui serre la main en disant : « Adieu ! »

L'intrépide jeune homme rallie ses francs - tireurs, se jette et disparaît dans un tourbillon de feu et de fumée.

La brigade Canzio est déjà sous les murs de Pouilly.

Vingt minutes après l'ennemi est chassé du château où il vient de brûler, vivant encore, un officier blessé, l'un des mobilisés de Saône-et-Loire(*).

De tous côtés, les prussiens sont en fuite, poursuivis avec acharnement par les nôtres ; et les débris du 61e, rencontrant le colonel Lobbia sur la route de Langres, sont définitivement anéantis.

A 6 h. 45, l'inspecteur des camps télégraphiait au ministre de la guerre :

« La déroute des Prussiens est complète. Leur attaque a eu lieu à 1 heure, près la route de Langres.

« La brigade Ricciotti Garibaldi s'est couverte de gloire. Elle a détruit le 61e

(*) M. Fontaine, de Châlon.

régiment d'infanterie prussienne et lui a pris son drapeau (*).

« L'héroïsme dans cette armée est à l'ordre du jour. »

(*) Pour ce fait d'armes, unique dans la campagne de 1870-71, la médaille dont nous donnons ci-dessus le *fac-simile* fut frappée à Lyon et distribuée entre tous les officiers, s.-off. et soldats de la 4ᵉ brigade.

La rentrée de Garibaldi à Dijon fut triomphale. — Soldats et citoyens voulurent trainer sa voiture, acclamant le grand soldat de la République qui, une fois de plus, venait de prouver au monde ce que peut, avec un cœur vraiment républicain, un défenseur du Peuple et de la Liberté.

Garibaldi Représentant du Peuple

C'est pourquoi, le 8 février 1871, Garibaldi est élu par quatre départements français, la Seine, la Côte d'Or, les Alpes-Maritimes et l'Algérie, pour le représenter à l'Assemblée nationale.

Il représentait le Peuple arborant le drapeau de la Révolution.

Il représentait la République armée, résolue, indomptée encore et victorieuse avec lui.

Le 13 février, il écrivit, de Bordeaux, — d'abord, à ses compagnons de l'armée des Vosges :

« Je vous quitte avec bien de la peine, mes braves, et forcé à cette séparation par des circonstances impéricuses.

« En retournant dans vos foyers, racontez à vos familles les travaux, les fatigues et les combats que nous avons soutenus ensemble pour la sainte cause de la République.

« Dites leur surtout que vous aviez un chef qui vous aimait comme ses propres enfants, et qui était fier de votre bravoure... »

Puis aux départements qui l'ont élu député :

« J'ai accepté le mandat de député, pour venir donner mon vote à la République.

« Avec ce dernier devoir, ma mission est accomplie, et je remets dans vos mains les pouvoirs que vous m'aviez délégués. »

Maintenant, si cette assemblée de Bordeaux, où dominaient les passions monarchiques, a repoussé le héros, qu'importe !...

Garibaldi décoré

Le génie a pris sa défense.

Victor Hugo a élevé la voix ; et cette voix n'a été que l'écho du cri de reconnaissance que la France venait de pousser.

« *Il est le seul des généraux qui ont lutté pour la France*, a-t-il dit, *le seul qui n'ait pas été vaincu.* »

Et Garibaldi répondit de Caprera : — « Le brevet que vous m'avez signé à Bordeaux suffit à toute une existence dévouée à la cause sainte de l'Humanité, dont vous êtes le premier apôtre. »

Garibaldi aimé

Et c'est parce qu'il dévoua son existence entière à cette cause dont Jésus, Marc-Aurèle, Franklin, Voltaire, Hugo, sont les grands apôtres que comme Hugo, Voltaire, Franklin, Marc-Aurèle et Jésus, il fut populaire dans toute l'étendue, dans toute la force de ce terme, c'est-à-dire souverainement aimé par le Peuple.

A Naples, un jour, il lui suffit d'un geste pour que la foule. à sa vue, éclate en cris et en larmes. — Nous avons vu comment, à son entrée dans cette même ville de Naples, après l'épopée-météore de 1860, il lui suffit d'un salut militaire pour que la mort qui l'attendait au passage et devait le frapper, s'arrête et s'incline ; pour que les fusils qui devaient le coucher en joue lui soient présentés, avec les honneurs militaires, par les derniers soldats de son ennemi François II.

En 1867, Garibaldi passant à Venise, la *Pasta* mise à sa disposition peut à peine se frayer un passage à travers les nombreuses embarcations qui l'entourent. Dans une élégante gondole, des dames en riche toilette se lèvent et l'une d'elles dit :

— Général, je vous envoie un baiser au nom de toutes les vénitiennes.

Puis, d'une autre gondole, une autre dame a crié :

— Général, je vous envoie un baiser pour mon compte et celui de toutes les femmes de Trieste.

Mais, abrégeons.

Aussi bien, l'Italie n'est pas seule à figurer dans ce merveilleux concert de reconnaissance adressé au grand patriote.

La France et l'Espagne, « sœurs de l'Italie »,

Come la Francia la Spagna e Sorella dell'Italia

G. Garibaldi

ont donné leur note, elles aussi.

Garibaldi apprécié

« Tous, nous devons quelque chose à Garibaldi, » — proclame, en janvier 1872, le comité dijonnais chargé de recueillir les souscriptions au monument commémoratif des 21, 22 et 23 janvier 1871. —
« Tous, nous devons quelque chose à
« Garibaldi. Notre ennemi a été le sien.
« Notre cause a été la sienne. Il a arrêté le
« flot des envahisseurs, réveillé les éner-
« gies qui semblaient s'éteindre, exalté
« les tièdes. Il nous a montré des hommes
« et nous a enseigné comment on sert une
« idée et comment on donne sa vie pour
« elle. Nos enfants ont vu cela et la leçon
« ne sera pas perdue.

« Si nos campagnes n'ont pas été rava-
« gées comme elles auraient pu l'être, si
« nos maisons n'ont pas été davantage
« pillées, c'est à Garibaldi qu'on le doit.
« Il a rendu la tranquillité d'esprit aux uns,
« la fierté patriotique aux autres ; il a pro-
« voqué l'admiration et l'enthousiasme. Il
« a des droits sur nous, et nous avons,
« de notre côté, un devoir à remplir en-
« vers lui et les siens : c'est d'éterniser
« son nom sur le coin de terre qu'il a glo-
« rifié par son courage.

« Si cette belle page de son histoire
« doit être la dernière, marquons-la des
« nombreux témoignages de notre grati-
« tude, et tenons-la bien ouverte pour
« qu'on la voie de loin, qu'on s'y arrête

« pieusement et que les yeux ne puissent
« plus s'en détacher.
   « A nous donc les gens de cœur ! »

   « Quand j'ai visité nos provinces du
Centre, — écrivait Edgar Quinet le 7 février 1873, — la Côte-d'Or, Saône-et-Loire,
l'Ain, partout j'ai recueilli de chaque
bouche cette même parole : — *C'est lui
qui nous a sauvé de l'invasion.* »

Garibaldi invoqué

   Vers cette même époque, en février
1873, la République est proclamée à Ma-
drid.
   Aussitôt le Directoire s'adresse à Garibaldi et l'appelle en Espagne. La nouvelle
république lui envoie son tribu d'hommage et d'admiration par la bouche du
plus éloquent de ses hommes d'état, l'illustre citoyen Emilio Castelar, ministre
des affaires étrangères et chef du Pouvoir
exécutif.
   Garibaldi retenu sur son rocher de Caprera par une recrudescence de ses dou-
leurs rhumatismales, ne put aller en
Espagne.
   De même, en mai 1878, il lui fut impossible de se rendre à l'appel des patriotes
et libres-penseurs qui l'attendaient à Paris
pour le premier centenaire de Voltaire.

Garibaldi honoré

Depuis 1871, plus de cinq mille adresses d'hommage et de dévouement ont été présentées à Garibaldi.

Après la campagne de France, en moins de trois ans, cent cinquante vapeurs ont abordé l'île de Caprera où, avant le séjour de Garibaldi, aucun navire ne s'était arrêté, et plus de seize mille personnes y ont débarqué.

Dans le même temps, l'ex-général en chef de l'armée des Vosges recevait des cadeaux d'une valeur de quatorze à seize mille francs. C'était, presque tous, des instruments d'agriculture venant, pour la plupart, de l'Amérique du Nord et du Sud. Il refusa d'autres cadeaux de toute nature, représentant une valeur de près d'un million.

Quatre bâtiments napolitains portent le nom de *Garibaldi*. — Combien de rues et de places, dans les villes d'Italie, portent ce grand nom ?...

Garibaldi était bourgeois-honoraire de quatre-vingt-dix villes, bourgs et villages.

Garibaldi était président-honoraire de cent vingt et quelques associations.

Garibaldi possédait (en 1874) vingt et une épées d'honneur, dont onze offertes par l'étranger, si l'on peut appeler étrangers, pour lui, les peuples dont il fut le bienfaiteur.

Son épée de combat n'est autre que

l'épée de La Tour d'Auvergne, le « premier grenadier de France », cette épée que les consuls de la République décernèrent, comme « sabre d'honneur », en 1800, au plus brave de l'armée française, au plus brave de cette armée « qui foulait sous ses pas de géant et ensevelissait dans la poussière trônes et tyrans de l'Europe. » En recevant cette arme des mains de M. de Kersausie, petit-fils de La Tour d'Auvergne, Garibaldi a dit : — « cet honneur passe tout ce que les aspirations d'un homme de guerre peuvent rêver. »

Le gouvernement italien veut que cette épée, deux fois illustre, soit déposée au Capitole, à côté du buste de Garibaldi.

Tout le monde sait, aujourd'hui, dans quelle magnifique et grandiose cérémonie, avec quel apparat triomphal et au milieu de quelle extraordinaire affluence de peuple, le 11 juin 1882, (neuf jours après sa mort), ce buste de· Garibaldi, couronné par la Liberté, traversa Rome et fut conduit au Capitole, pendant qu'à Paris, sous la présidence honoraire de Victor Hugo, avait lieu la solennité funèbre organisée par les délégués de la colonie et de la presse italienne et par la presse républicaine française, au profit des veuves et des orphelins des combattants de l'armée des Vosges.

Enfin, le chant national de la patrie de Garibaldi, c'est *l'Hymne à Garibaldi.* — On le chantait de son vivant.

Depuis sa mort, de Paris à Nice, de Palerme à Venise, de Naples à Dijon, de Rome à Montevidéo et de Londres à New-York, dans les deux mondes, on souscrit pour lui élever des statues.

Garibaldi vénéré.

Son ile de Caprera s'appellera *l'île de Garibaldi*.

Son tombeau, comme ceux de Jésus et Mahomet, sera désormais un lieu de pélerinage, un rendez-vous des pélerins patriotes des États-Unis d'Europe et d'Amérique.

On y redira cette histoire qu'un poète a chantée :

Dans Vérone la rousse, où les pampres sont d'or,
Sous l'éternel baiser du jeune messidor,
Où l'attendrissement épars, que tout reflète,
D'avoir vu Roméo mourir et Juliette,
Donne sur le tombeau guerrier des Scaliger
Une teinte plus rose à la rouille du fer,
Les palais, ce jour-là, de l'Adige aux Arènes,
S'épanouissaient mieux dans les chaleurs sereines,
Marmoréennes fleurs du sol italien.

Sous l'arc double qui fut bâti par Gallien
Quelqu'un, dans un manteau, passait, vieillard robuste.

D'une maison chétive, au balcon de bois fruste,
Une femme (elle avait un enfant dans les bras)
Sortit vers le passant, et lui dit le front bas :
« Salut, Père ! »

          L'enfant souriait, gras et rose ;
La femme, au corps maigri, défaillait, pâle, à cause
Sans doute de ce fils que, mère au cœur vaillant,
Au bras faible, il fallait nourrir en travaillant.
Mais qu'importaient labeurs, veilles et repas chiches,
Pourvu qu'il mangeât, lui, comme les petits riches,
Et, joufflu comme on peint les chérubins vermeils,
Eût de fins oreillers pour ses légers sommeils !
Il riait ; elle était demi-morte, et ravie.

La mort est moins pénible à qui donna la vie,
Et, mère, on a le cœur plus fort qu'auparavant.

Elle reprit : « Daignez baptiser mon enfant ! »

Le vieillard s'arrêta, puis, d'un ton de surprise :
« J'ai donc, sous ce manteau, l'air d'un homme d'église,
Ou n'est-il point de prêtre au pays véronnais ?

— Baptisez mon enfant, Père, je vous connais. »
Et, grave, elle tendait le fils de sa misère.

Alors, l'homme comprit cette femme sincère
Et leva son visage auguste, aux longs cheveux.
Le front disait : J'espère, et la lèvre : Je veux ;
L'œil que, certe, alluma d'amour ou de colère
Le bien que l'on proscrit ou le mal qu'on tolère,
Doux pourtant, recélait dans son azur serein
Des visions, fumée à l'horizon marin
De vaisseaux éventrés qu'incendia la bombe,
Marches, assauts, combats où la pleine se bombe
De cadavres hardis qui rient en tombant ;
Et tandis que, d'un bras qui tremble, sur son banc,
Un moine mendiait l'aumône accoutumée,
Lui, d'un geste qui semble évoquer une armée,
Il étendit ses mains puissantes, et parla :

« Je consacre au devoir l'homme-enfant que voilà !
Par l'amour d'être libre et l'horreur de l'entrave,
Au nom de l'ignorant, du pauvre. de l'esclave,
De quiconque, courbé, se lamente d'effroi
Sous la fourbe du prêtre et la force du roi,

Moi, le vieux champion des nations que couvre
D'ombre le Vatican et de faux-jour le Louvre,
Je t'impose ces mains qui portèrent trente ans
Aux heureux le défi des peuples sanglotants,
Et, pour le fier salut des hommes, je te voue
Aux labeurs, aux combats, aux soufflets sur la joue,
Aux mépris, à l'exil, jeune âme! à l'échafaud.
Apôtre, s'il suffit, mais soldat s'il le faut,
Partout où retentit le cri d'une torture,
Va! sois l'aventurier de la grande aventure
Qu'enfin terminera le glaive justicier!
Que notre aube s'allume aux éclairs de l'acier,
Et qu'il te soit donné d'en voir les lueurs sûres,
Fils baptisé du sang de mes vieilles blessures. »

Ayant dit, il poussa plus loin ses pas errants.

Or, sous l'arc autrefois bâti pour les tyrans,
Le moine, gras et lourd, et traînant sa sandale,
S'était dressé.

          « Maudit qui causa le scandale!
Il est la fourche même attisant le grand feu!
Quoi donc? cet homme est-il Jésus-Christ, fils de Dieu?»

Mais la mère, en baisant son fils sous la dentelle:
« Non, c'est Garibaldi, fils du Peuple, » dit-elle. (*)

Garibaldi adoré.

A Rome, en 1848, les gens du peuple,
le voyant passer, disaient : « C'est Jésus-
Christ ! » — Et, en effet, dit Ferragus, il
était impossible de ressembler davantage
au portrait conventionnel du crucifié.

____

(*) Catulle Mendès.

Entre ces deux hommes, si populaires l'un et l'autre, n'y avait-il pas une autre ressemblance que celle du visage ?

Si, pour agir, l'un s'est plus servi de son bras que de sa langue et si l'autre s'est plus servi de sa langue que de son bras, n'ont-ils pas eu, l'un et l'autre, pour faire ce qu'ils ont fait, même cœur, même dévouement, même enthousiasme, même faim et soif de la Justice et même amour de l'Humanité ! Par des chemins différents, n'ont-ils pas, l'un et l'autre, poursuivi ce même but : l'affranchissement !

Jésus, — l'affranchissement des hommes !

Garibaldi, — l'affranchissement des peuples !

Aujourd'hui, comme alors, quelqu'un ne s'y est pas trompé. Celui-là, c'est **le peuple.**

Et c'est pourquoi il a tant aimé l'un et l'autre.

C'est pourquoi, à Vérone, à Alexandrie (14 mars 1867) et ailleurs, les mères amenaient à Garibaldi, comme à Jésus, leurs petits enfants.

C'est pourquoi, à Turin, ce peuple, qui peut se tromper dans ses idées, mais qui ne se trompe pas dans ses affections durables, s'écriait : — « Vive Garibaldi ! Vive le fils de Dieu ! »

C'est alors que Garibaldi répondait :

— Le titre de fils de Dieu ne me sied pas. Je suis le fils du Peuple, toujours prêt à prendre un fusil ou une épée, dès qu'il s'agit de défendre sa cause.

Garibaldi immortel.

Voilà pourquoi le nom de cet homme qui fut, comme ces guerriers que vante Hugo dans la *Légende des Siècles*, le champion de la Justice et le paladin de la Liberté, le soldat du Droit et l'esclave du Devoir, « le combattant de tous les bons combats et le compatriote des patriotes de partout »,—voilà pourquoi ce nom, qu'il suffit de prononcer, dans un jour de deuil international, pour que deux peuples prêts à se diviser se tendent, par dessus les Alpes, une main fraternelle et se demandent une mutuelle et éternelle amitié, —

ce nom qui, s'échappant des mâles poitrines, s'élève, du sein des foules, comme un grand cri de liberté, ou qui, montant du cœur aux lèvres, semble évoquer une image radieuse de l'universelle Fraternité, —ce nom, enfin, qui nous rappelle ceux de Jésus et Vercingétorix, ceux de Jeanne Darc et Guillaume Tell, ceux de Washington et Kosciusko, est, pour toujours, enraciné dans le cœur des peuples dont ce héros a été le chevalier servant « sans peur et sans reproches. »

Ce nom retentira au loin et à jamais dans la postérité.

Cet homme vit et vivra éternellement dans la mémoire des hommes.

Il apparaissait à ses contemporains, — victorieux, — dans une vision lointaine.

De son vivant, il était légendaire.

Mort, il est plus vivant que jamais.

Il apparait à ses survivants, — grand, beau, sublime, — dans une auréole de gloire.

Ce mort est immortel.

. . . .
. . . .

Et qui sait ? grâce à lui, peut-être,
Des peuples entiers s'uniront,
Délivrés des dogmes du prêtre,
Evadés de l'antique affront ;
Et tandis qu'aux murs de l'Histoire
L'enfance épellera sa gloire
Que symbolise un myrte vert,
La République universelle
Jaillira, vivante étincelle,
Des trous du suaire entr'ouvert ! (*)

GARIBALDI EST MORT.
VIVE GARIBALDI !

(*) Clovis Hugues.

Dernière Pensée, dernières Paroles

DE

GARIBALDI

Près de rendre le dernier soupir, il vit sur sa fenêtre deux fauvettes qui chantaient joyeusement.

On l'entendit murmurer :

« *Ce sont les âmes de mes filles qui volent autour de leur père moribond. Respectez ces animaux ; donnez leur du mil quand je ne serai plus.* »

Puis d'une voix à peine distincte :

« *J'ai soif...* »

Ce furent ses dernières paroles.

A six heures et demie, ce Vendredi 2 Juin 1882, GARIBALDI n'était plus.

HUMBERT Ier, ROI D'ITALIE

A

Menotti GARIBALDI

La douleur que me fait éprouver la mort de votre père est aussi grande que le malheur qui frappe la Nation.

Mon père m'enseigna dès ma première jeunesse à honorer en GARIBALDI les vertus du citoyen et du soldat.

Témoin de ses glorieux exploits, j'eus pour lui l'affection la plus profonde, la reconnaissance et l'admiration la plus grande.

Ces sentiments et le souvenir de ceux témoignés par le brave général à moi et à ma famille me font sentir doublement la gravité de cette perte irréparable.

M'associant à la suprême douleur du peuple italien et au deuil de la famille du mort, je vous prie d'être auprès des vôtres l'interprète des très vives condoléances que je partage avec la Nation tout entière.

TABLE DES MATIÈRES

CHRONIQUE
INTRODUCTION
Préambules divers

ÉPIGRAPHE

Dernière pensée, dernières paroles de Garibaldi.

Humbert Ier, roi d'Italie, à Menotti Garibaldi.

Gravures

Autographes

Tours, imp. E. Arrault et Cie.